Dieses Buch gehört:

Jonas Bruno

Mein erstes Foto

Inhalt

7	So fing alles an
11	Da bin ich!
15	So war die Welt, als ich geboren wurde
17	So heiße ich
21	Das sagt man über mich
25	Steckbrief
27	Wertvolle Erinnerungen
29	Willkommen zu Hause!
31	Meine Familie
32	Unser Stammbaum
37	Beim Doktor
38	So groß bin ich schon!
39	Die ersten Zähne
40	Mein Fußabdruck
42	Mein Handabdruck
47	Aufwachen, kleine Schlafmütze!
49	Wasser und Seife: Badezeit
51	Essenszeit: Guten Appetit!
53	Gute Nacht, und träum was Schönes!
54	Meine liebsten Schlaflieder
59	Meine ersten Ausflüge
63	Was für Fortschritte!
64	Los geht's! Meine ersten Schritte
67	Wie ungeschickt! Meine ersten Unfälle
71	Meine Launen
72	Was ich am liebsten mag
74	Meine Freunde
76	Mein Lieblingsmärchen
79	Besondere Anlässe
81	Mein erster Geburtstag
82	Mein zweiter Geburtstag
83	Mein dritter Geburtstag
87	Meine erste Faschingsparty
88	Auf Entdeckungstour: Urlaub und Reisen
91	Mein erster Tag im Kindergarten
93	Zum Künstler geboren: Mein erstes Meisterwerk
94	Unzertrennlich! Ich mit meinem Kuscheltier
95	So schnell wird man groß! Meine wichtigsten ersten Erlebnisse

Meine Mama und mein Papa

Meine Mama mit Babybauch

So fing alles an

Als Mama und Papa gemerkt haben, dass ich kommen würde

Als ich noch nicht da war, stellte sich Mama mich so vor

Am Ultraschallbild erkannte man schon, dass ich

So haben Mama und Papa mich genannt, als ich noch in Mamas Bauch war

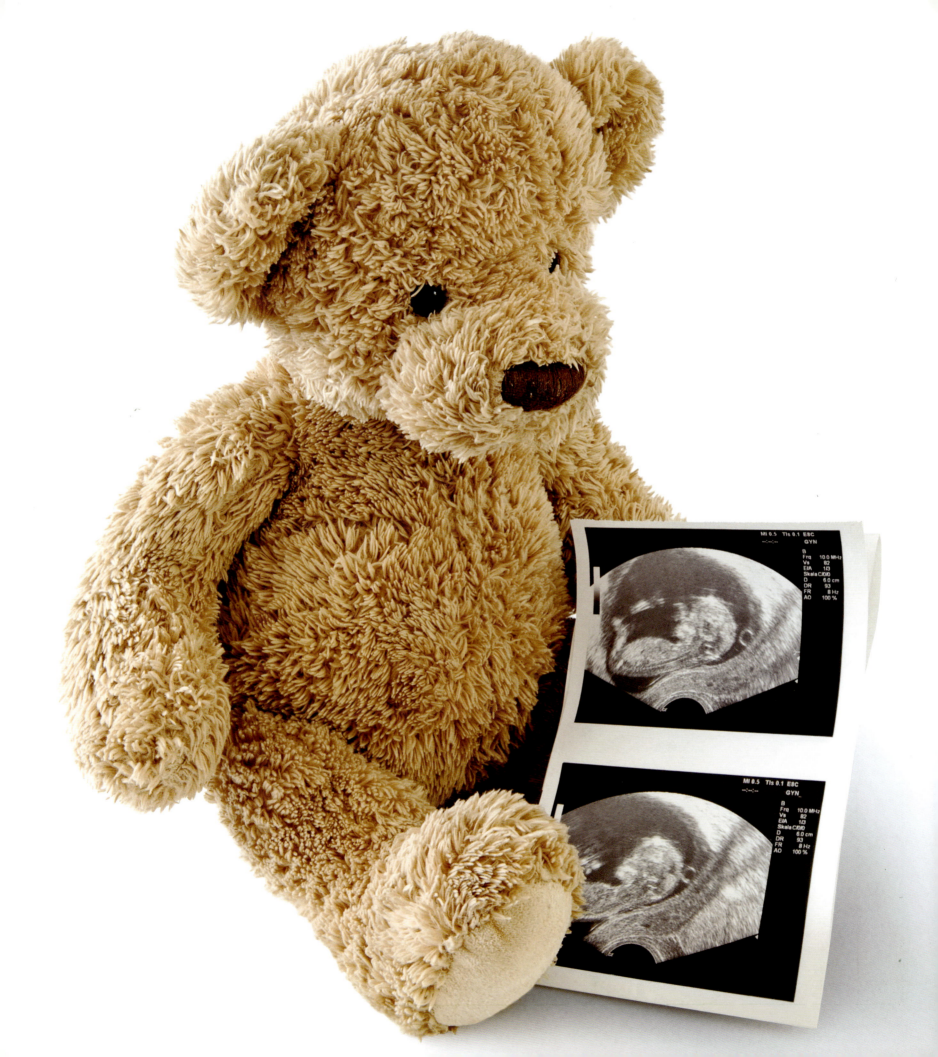

Da bin ich!

Ich bin geboren am 18. Oktober 2013

Uhrzeit 14:05

Mein Gewicht 3040g

Meine Größe 50cm

Hier kam ich zur Welt Humboldt Klinikum

Mein Arzt und meine Hebamme

Das Wetter an meinem Geburtstag Sonniger Herbsttag

So war die Welt, als ich geboren wurde

Die wichtigsten Ereignisse

Die Schlagzeilen der Zeitungen

Die großen Politiker der Zeit

Die erfolgreichsten Songs

Die beliebtesten Filme und Fernsehsendungen

Diese Bücher standen auf der Bestsellerliste

Einige aktuelle Preise (1 Liter Milch)

So heiße ich

Wer meinen Namen ausgesucht hat

Warum ich so heiße

Mein Name bedeutet

Meine Kosenamen

Diese Namen hätte ich fast bekommen

Glückwunschkarten und Grüße zu meiner Geburt

Das sagt man über mich

Mamas erste Worte zu mir

Papas erste Worte zu mir

Reaktionen von Geschwistern, Verwandten und Freunden

Hoffnungen und Träume

Meine Fotos

Meine Fotos

Meine Fotos

Meine Fotos

Steckbrief

	Bei der Geburt	Mit sechs Monaten	Mit einem Jahr
Augenfarbe			
Haarfarbe			
Hautfarbe			
Besondere Merkmale			

Mein Sternzeichen _____

Meine Fotos

Meine Fotos

Wertvolle Erinnerungen

Eine Haarsträhne

Mein Armband von der Säuglingsstation

Willkommen zu Hause!

An diesem Tag bin ich nach Hause gekommen

Auf dem Weg nach Hause

So war ich angezogen

Wer mich begleitet hat

Meine erste Adresse

Mein Kinderzimmer

Meine Familie

Das habe ich von Mama geerbt

Das habe ich von Papa geerbt

Ähnlichkeiten mit anderen Familienmitgliedern

Familienfoto

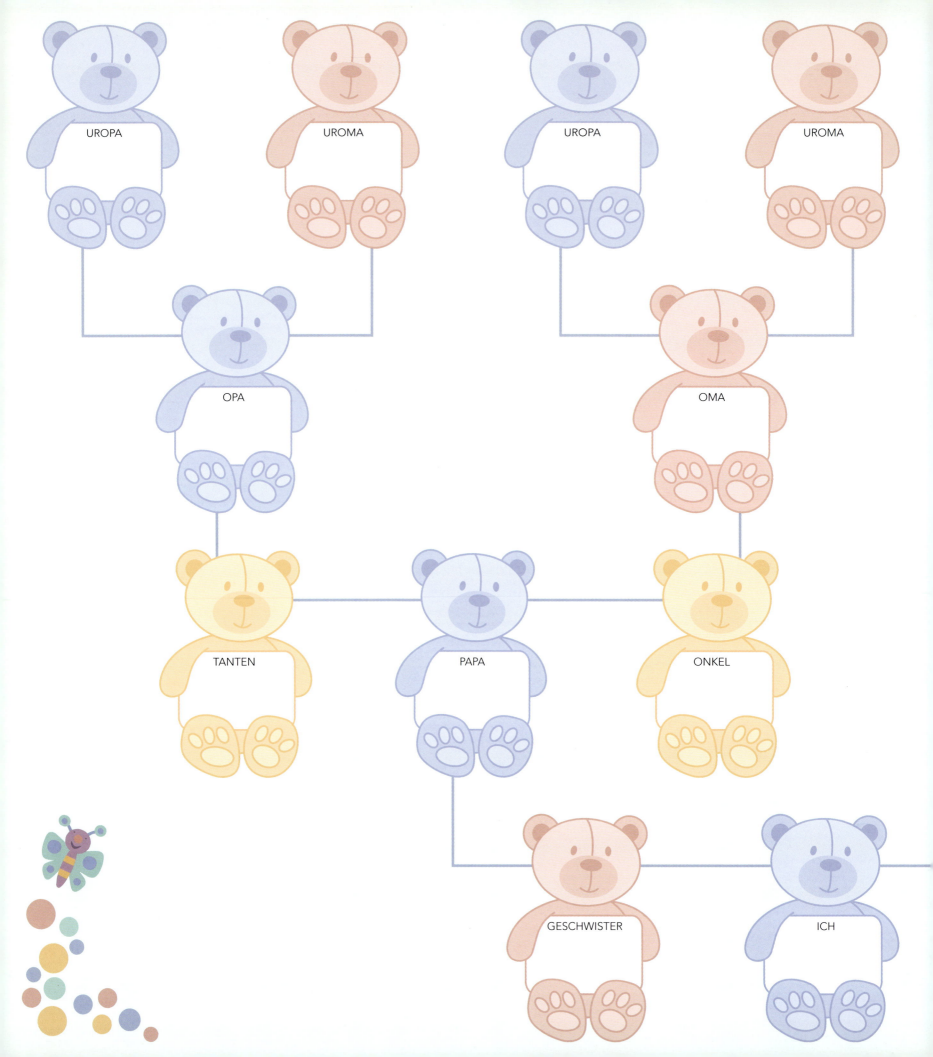

Fotos von meiner Familie und mir

Beim Doktor

Mein Kinderarzt heißt

Meine Blutgruppe

Meine Allergien

Impfungen	Datum

Infektionskrankheilen	Datum

So groß bin ich schon!

	Gewicht	Größe	Kopfumfang
Bei der Geburt			
Mit einem Monat			
Mit zwei Monaten			
Mit drei Monaten			
Mit vier Monaten			
Mit fünf Monaten			
Mit sechs Monaten			
Mit sieben Monaten			
Mit acht Monaten			
Mit neun Monaten			
Mit zehn Monaten			
Mit elf Monaten			
Mit zwölf Monaten			
Mit zwei Jahren			
Mit drei Jahren			

Die ersten Zähne

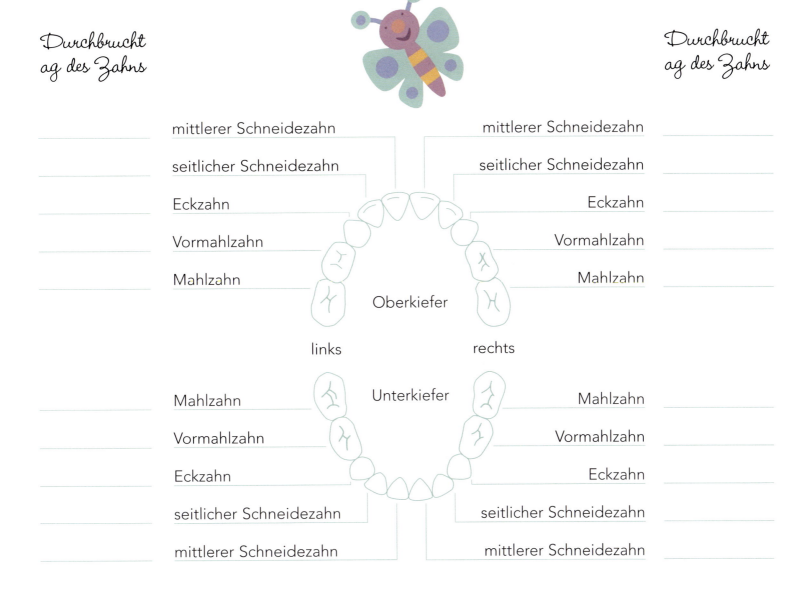

Durchbruchtag des Zahns

Durchbruchtag des Zahns

mittlerer Schneidezahn

mittlerer Schneidezahn

seitlicher Schneidezahn

seitlicher Schneidezahn

Eckzahn

Eckzahn

Vormahlzahn

Vormahlzahn

Mahlzahn

Mahlzahn

Oberkiefer

links rechts

Unterkiefer

Mahlzahn

Mahlzahn

Vormahlzahn

Vormahlzahn

Eckzahn

Eckzahn

seitlicher Schneidezahn

seitlicher Schneidezahn

mittlerer Schneidezahn

mittlerer Schneidezahn

Wer mein erstes Zähnchen entdeckt hat

So konnte man mich trösten, als meine Zähne kamen

Mein Fußabdruck

Mein Handabdruck

Meine Fotos

Meine Fotos

Meine Fotos

Meine Fotos

Aufwachen, kleine Schlafmütze!

So sieht mein Bettchen aus

So mache ich mich bemerkbar, wenn ich wach bin

Meine Aufstehgewohnheiten

Wasser und Seife: Badezeit

Mein Lieblingsspielzeug für die Badewanne

Das macht mir besonders viel Spaß im Wasser

Mein Lieblingsbademantel

Essenszeit: Guten Appetit!

Meine erste richtige Mahlzeit

Das esse ich am liebsten

Das schmeckt mir überhaupt nicht

Hier esse ich oft

Wann ich gelernt habe, selbst zu essen

Wann ich gelernt habe, allein meinen Becher zu halten

Gute Nacht, und träum was Schönes!

Wann ich das erste Mal allein in meinem Bettchen geschlafen habe

Meine Rituale zur Schlafenszeit

Zum Einschlafen brauche ich

Mein Lieblingspyjama

Meine liebsten Schlaflieder

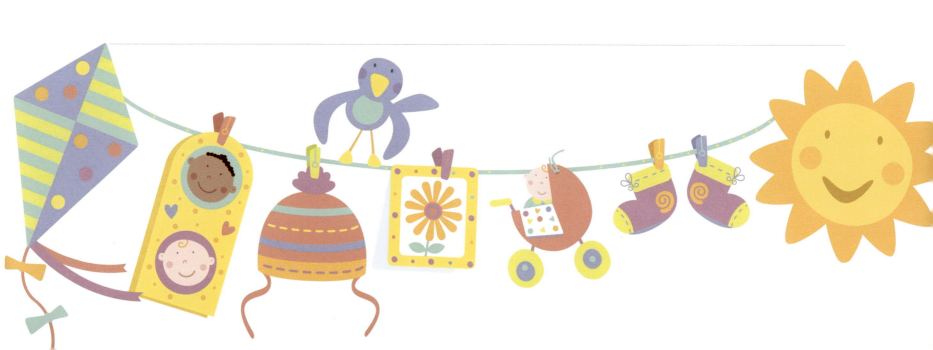

Meine Fotos

Meine Fotos

Meine Fotos

Meine Fotos

Meine ersten Ausflüge

Mein erster Spaziergang im Freien

Meine liebsten Transportmittel

Hier gefällt es mir

Was ich besonders spannend finde

Das sagen die Leute unterwegs über mich

Was für Fortschritte!

Wann ich das erste Mal den Kopf hochgehoben habe

Wann ich das erste Mal gelächelt habe

Wann ich angefangen habe, etwas mit dem Blick zu verfolgen

Ab wann ich Mama und Papa erkennen konnte

Wann ich das erste Mal auf etwas gezeigt habe

Wann ich das erste Mal nach meinem Spielzeug gegriffen habe

Wann ich mein erstes Wort gesagt habe

Und meinen ersten Satz

Los geht's! Meine ersten Schritte

Wann ich allein sitzen konnte

Wann ich angefangen habe zu krabbeln

Wann ich allein stehen konnte

Wann ich mit einem bisschen Hilfe laufen konnte

Wann ich allein laufen konnte

Größe und Farbe meiner ersten Schuhe

Die Treppen hoch!

Schnell!

Wie ungeschickt! Meine ersten Unfälle

Mein erster Sturz

Eine Schramme!

Das Hindernis habe ich wohl übersehen!

Also, dass das so schwer sein würde …

Meine Fotos

Meine Fotos

Meine Fotos

Meine Fotos

Meine Launen

Was mich glücklich macht

Darüber kann ich lachen

Dinge, die mich richtig wütend machen

So kann man mich trösten

Das war keine Absicht ...

Was ich am liebsten mag

Meine Lieblingsfarben ○ ○ ○ ○ ○

Meine liebsten Märchenfiguren

Meine Lieblingskleider

Mein Lieblingszimmer

Mein liebster Zeichentrickfilm

Mein Lieblingsspiel

Das spiele ich am liebsten mit Mama

Das spiele ich am liebsten mit Papa

Meine Freunde

Name	Alter

Das spiele ich mit meinen Freunden

Mein Lieblingsmärchen

Besondere Anlässe

Anlass	Datum	Wer dabei war	Erinnerungen

Meine Fotos

Meine Fotos

Mein erster Geburtstag

Gästeliste

Der Kuchen

Meine Geschenke

Darüber habe ich mich am meisten gefreut

Erinnerungen an die Feier

Mein zweiter Geburtstag

Gästeliste

Der Kuchen

Meine Geschenke

Darüber habe ich mich am meisten gefreut

Erinnerungen an die Feier

Mein dritter Geburtstag

Gästeliste

Der Kuchen

Meine Geschenke

Darüber habe ich mich am meisten gefreut

Erinnerungen an die Feier

Meine Fotos

Meine Fotos

Meine Fotos

Meine Fotos

Meine erste Faschingsparty

Ort der Party

Ich war verkleidet als

Wer dabei war

Meine erste Autofahrt

Meine erste Reise mit dem Zug / dem Schiff / dem Flugzeug

Das erste Mal am Meer

Mein erster Schnee

Mit Mama und Papa in den Urlaub!

Auf Entdeckungstour:
Urlaub und Reisen

Mein erster Tag im Kindergarten

Mein Kindergarten

Meine Kindergärtnerinnen

Meine Schulfreunde

So war mein Benehmen

Zum Künstler geboren: Mein erstes Meisterwerk

Unzertrennlich!
Ich mit meinem Kuscheltier

So schnell wird man groß! Meine wichtigsten ersten Erlebnisse

Mein erster Zahn

Mein erstes Breichen

Meine ersten Schritte

Mein erstes Wort

Mein erster Friseurtermin

Meine erste Reise

Mein erster Tag im Kindergarten

Editorische Umsetzung
Valeria Manferto De Fabianis

Grafik
Marinella Debernardi

Redaktion
Giorgio Ferrero

Abbildungsnachweis

Titelbild: © iStockphoto.com; Seiten 2-3 KFS Photography/Getty Images; Seite 8 Christian Reister/Photolibary; Seite 10 Photolibrary; Seite 14 Royalty-free/Masterfile/Sie; Seite 16 Andy Crawford/Getty Images; Seite 20 Photo division/Masterfile/Sie; Seite 24 Image Source/Getty Images; Seite 28 Flashfilm/Getty Images; Seite 30 Dave King/Getty Images; Seite 36 Denkou Images/Photolibrary; Seiten 40-41 Dorling Kindersley/Getty Images; Seite 42 Dave King/Getty Images; Seite 46 Dave King/Getty Images; Seite 48 George Doyle/Getty Images; Seite 50 Dave King/Getty Images; Seite 52 Dorling Kindersley/Getty Images; Seite 58 Michele Constantini/Masterfile/Sie; Seite 62 Andy Crawford/Getty Images; Seite 64-65 Grove Pashley/Getty Images; Seite 66 Dave King/Getty Images; Seite 70 Steve Gorton/Getty Images; Seite 72 Michele Constantini/Photolibrary; Seite 73 PhotoAlto RF/Tips Images; Seiten 74-75 Andy Crawford/Getty Images; Seite 77 Liane Ri/Photolibrary; Seite 78 Dorling Kindersley/Getty Images; Seite 86 Andy Crawford/Getty Images; Seiten 88-89 Marina Horvat/Photolibrary; Seite 90 Liane Ri/Photolibrary; Seite 92 Liane Ri/Photolibrary; Seite 96 Clive Streeter/Getty Images

Sämtliche Abbildungen gehören dem Marinella Debernardi und Michela Barbonaglia/Archivio White Star mit Ausnahme von Seiten 4, 12, 14, 18-19, 22, 25 oben links, 27, 29, 34, 38, 39 oben Mitte, 44, 47, 49 oben rechts, 54-55, 56, 60, 68, 76, 84, 94-95 welche von Dorling Kindersley/Getty Images stammen

WS White Star Verlag® ist eine eingetragene Marke von De Agostini Libri S.p.A.
© 2013 De Agostini Libri S.p.A. - Via G. da Verrazano, 15 - 28100 Novara, Italia - www.whitestar.it - www.deagostini.it
Übersetzung: Adriana Enslin

Alle Rechte vorbehalten. Kein Teil des Werkes darf in irgendeiner Form (durch Fotokopie, Mikrofilm oder ein ähnliches Verfahren) ohne die schriftliche Genehmigung des Verlages reproduziert oder unter Verwendung elektronischer Systeme verarbeitet, vervielfältigt oder verbreitet werden.

ISBN 978-88-6312-147-6

1 2 3 4 5 6   17 16 15 14 13

Gedruckt in China